BEI GRIN MACHT SICH IHR WISSEN BEZAHLT

- Wir veröffentlichen Ihre Hausarbeit,
  Bachelor- und Masterarbeit

- Ihr eigenes eBook und Buch -
  weltweit in allen wichtigen Shops

- Verdienen Sie an jedem Verkauf

Jetzt bei www.GRIN.com hochladen
und kostenlos publizieren

Bibliografische Information der Deutschen Nationalbibliothek:

Die Deutsche Bibliothek verzeichnet diese Publikation in der Deutschen National-bibliografie; detaillierte bibliografische Daten sind im Internet über http://dnb.d-nb.de/ abrufbar.

Impressum:

Copyright © 2015 GRIN Verlag
Druck und Bindung: Books on Demand GmbH, Norderstedt Germany
ISBN: 9783668242456

Daniel Steffen

Grundlagen im Java Programmieren. Eine kompakte Vorbereitungshilfe für Klausuren

GRIN Verlag

Java

Programmieren 1. – 2. Semester

Wirtschaftsinformatik Grundlagen Teil 1

Inhaltsverzeichnis

Einleitung

Da die Klausuren nicht am PC geschrieben werden empfiehlt es sich die Eingaben in einen normalen Texteditor zu schreiben und diese dann über die Konsole auszugeben.

Da die Fehler nicht automatisch verbessert werden, bietet dieses den optimalen Lerneffekt.

Benötigte Programme:

- Texteditor oder TextEdit

- Konsole

Das erste Java Programm (Hallo Welt!)

Um ein Programm zu schreiben, muss man einen Texteditor sowie die Eingabekonsole öffnen. Der Texteditor wird verwendet um die Programme zu schreiben anschließend werden diese über die Eingabekonsole ausgegeben. Für das Programm TextEdit (Apple) muss als erstes die Schrift **In reinen Text umgewandelt** werden, ansonsten kann die Datei nicht Kompiliert und ausgeführt werden.

Ein Programm fängt immer mit den Schlüsselwörtern *public class* an. Drauf folgt der Klassenname wie zum Beispiel das public class *ErstesProgramm*. Es ist darauf zu achten, dass das Programm immer unter dem Klassennamen + .java abgespeichert wird, da ansonsten das Programm nicht Kompiliert (wird nicht ausgeführt) werden kann. Die Klassennamen müssen immer ganze Wörter sein und mit einen großen Buchstaben beginnen. Auf die Klassendeklarationen folgen zwei geschleifte Klammern. Um das Programm ausführen zu können, benötigt man die sogenannte *Main Methode*. Die Erklärung erfolgt in den weiteren Kapiteln.

Beispiel 1.1 Erstes Programm

```
public class ErstesProgramm
{
    public static void main(String[] args){
    }
}
```

Das Aufgeführe Programm kann nun ausgegeben werden, dennoch wir hierbei nichts ausgeführ da die Main Methode fehlt.

Information:

Muster Programm:

```
public class ErstesProgramm
{
}
```

Information:

Muster Applikation da dort ein Main Methode vorhanden ist wird diese Applikation genannt.

```
public class ErstesProgramm
{
    public static void main(String[] args){
    }
}
```

Es ist darauf zu achten, dass wenn man eine Geschleifte klammer öffnet, müssen immer 4 Leerschritte einrücken werden, damit das Programm leserlich Standard festgesetzt ist.

Sind die Werte eingegeben, wird die Datei wie zuvor beschrieben abgespeichert. Anschließen wird die Eingebe Konsole aufgerufen um das Programm auszuführen.

Der Compiler wird immer mit *javac* ausgeführt. Wichtig ist das der Programmname wie folgt eingegeben wird: *javac ErstesProgramm.java* somit ist das Programm Kompiliert und die Syntax wurde auf Fehler überprüft. Anschließend kann das Programm ausgegeben werden.

Damit das erste Programm einen Inhalt wiedergibt, fügen wir nun den Satz Hallo Welt! hinzu. Dieses geschied wie folgt: die Ansätze des ersten Programms bleiben, es wird nur der Ausführungssatz System.out.println("Hallo Welt"); eingegeben. Damit das Programm ausgeführt werden kann, muss alles mit einen ; abgeschlossen werden ansonsten treten Kompiliere Fehler auf. Die Anführungszeichen in den Klammern werden nicht mit ausgegeben da es sich um einen String handelt. Dieser Begriff folgt in weiteren Kapiteln.

```java
public class ErstesProgramm

{

    public static void main(String[] args){

    System.out.println("Hallo Welt!");

    }

}
```

Das *ln* in *System.out.println* hat die Bedeutung, dass er beim nächsten Befehl in eine neue Spalte springt.

Einfache Grafische Ausgabe

Mit dem jetzigen Kenntnisstand, sind wir in der Lage kleinere Applikationen zu erstellen und diese über die Eingabeaufforderung auszuführen. Um die Ausgaben Grafisch über ein eigenes Fenster auszugeben, benötigt wir wie zuvor eine Applikationen. Damit diese sichtbar auf unserem Bildschirm erscheint benötigen wir eine *JOptionPane* Methode. Diese fügen wir als Import statmin wie folgt ein: *import javax.swing.JOptionPane;*

Um den Text Grafisch ausgeben zu können nutzen wir dieses mal nicht den Befehl System.out.println("Hallo"); sondern machen dieses über das swing Packet (siehe Beispiel 1.2).

Beispiel 1.2

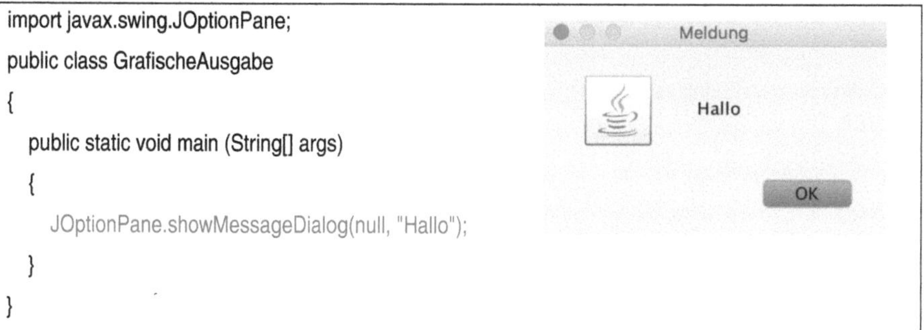

Man kann das import statmine auch wie folgt schreiben, import javax.swing*; somit werden alle Packe im swing Packet angesprochen. Jedoch sollte immer das gesamte statmine verwendet werden.

Kommentare in ein Programm einfügen

Damit jeder unser geschrienes Programm beim bearbeiten verstehen kann, werden Kommentare eingesetzte. Diese haben keinen Einfluss auf das Programm und die bearbeitenden Person versteht auf anhieb was gemeint ist. Folgende Kommentare werden Erläutert. Der einzeilige Kommentar besteht aus Zwei // (siehe Beispiel 1.3) um über mehrere Zeilen zu schreiben, nutzen wir die Block Kommentar diese Beginnen mit /* und enden mit */ (siehe Beispiel 1.4).

Beispiel 1.3

```java
import javax.swing.JOptionPane;
public class GrafischeAusgabe
{
    public static void main (String[] args)
    {
        // Der nachfolgende Befehl wir für die Grafische Ausgabe verwendet
        JOptionPane.showMessageDialog(null, "Hallo");
    }
}
```

Beispiel 1.4

```java
import javax.swing.JOptionPane;

public class GrafischeAusgabe
{
    public static void main (String[] args)
    {
        /* Der nachfolgende Befehl wir für
         * die Grafische Ausgabe verwendet*/
        JOptionPane.showMessageDialog(null, "Hallo");
    }
}
```

Ausgegeben wird nur das Dialogfenster mit Hallo. Die Kommentare haben keinen weiteren Einfluss. Man sollte aber auch auf das Einrücken achten!

Stringvarialen in Java verwenden

Stings geben die Möglichkeit eingaben von Benutzer zu bearbeiten. Hierfür gibt es mehrere Möglichkeiten zum einen kann man sie auf der Kommandoebene ausgeben sowie grafisch hervorheben. Alle Text in Java sind vom Typ String. Wenn der Benutzer Texte eingibt werden diese in einer Variable gespeichert. In Unseren Beispiel 1.5 ist unsere Variable a = "Hallo" vom Typen String. Das Hallo wird unter a abgespeichert und muss immer in " " gesetzt werden. Die Variablennamen werden immer **klein** und zusammen geschrieben (wie Klassennamen).

Beispiel 1.5

```
public class String
{
    public static void main (String[] args)
    {
        /* Deklarieren sowie Initialisieren von
         * Variablen */
        String a = "Hallo"
        System.out.println("a");
    }
}
```

Somit wird auf der Konsole Hallo ausgegeben.

Des Weiteren gibt es noch die Stringkokateration um mehrere Strings auszuführen zuerst muss man 2 Variablen (a,b,... etc.) von Typen String deklarieren und Werten zuweisen. Als kleines Beispiel nehmen wir den namen und den nachnamen die Zuweisung folgte wieder wie folgt (String name = "Daniel" / String nachnamen = S.) anschließend kann diese wie im Beispiel 1.6 ausgegeben werden. Anschließend muss eine 3 Variable erstellt werden um die beiden Werte miteinander zu verbinden die sollen aber mit einen Komma getrennt werden.

Beispiel 1.6

```
public class String
{
   public static void main (String[] args)
   {
      /* Deklarieren sowie Initialisieren von
       * 2 Variablen und den Werten zuweisen*/
      String name = "Daniel"
      String vorname = "S."
      // 3 Variable erstellen
      String ende = name + " , "+ vorname;
      // Variable wird ausgegeben


      System.out.println("ende");
   }
}
```

Sind alle Befehle richtig eingetragen und abgespeichert wird diese Ausgabe wie folgt auf der Konsole ausgegeben **Daniel, S**

Info: Werden Wörter in Anführungsstriche gesetzt wird es Automatisch als String

interpretiert.

Um Zeilenumbrüche in einem Programm dazustellen nutzt man die Escapeseqzuenzen . Um etwas in eine neue Zeile zu stellen kann man \n hinter der jeweiligen Zeile schreiben. Dieses sollte wie folgt aussehen:

System.out.println("1. Zeile\n 2. Zeile");

Ausgabe: 1. Zeile

2. Zeile

Die untenstehende Tabelle soll verdeutlichen welche Zeichen noch ausgegeben werden können.

Escapezeichen	Bedeutung
\n	In eine neue Zeile springen
\t	Hiermit führt man einen Tabulatorsprung aus
\\	Backslash ausführen
\'	Apostroph
\"	Anführungszeichen

Die jeweiligen Escapezeichen werden genau wie der Zeilenumbruch hinter das Wort geschrieben beispiel für den Tabulatorsprung:

System.out.println("Name\t Nachname");

Ausgabe: Name   Nachname

Eingabeverarbeitung ermöglichen

Mit diesem Programm lernen wir die schnellste und einfachste Eingabemöglichkeit, die man direkt in die Eingabekonsole eingeben kann. Hierzu benötigen wir wieder ein ganz einfaches Programm das im Beispiel 1.7 wiedergegeben wird. Was wir nun eingeben müssen ist die Eingabe args[0] sowie args[1] um zwei Argumente mitgeben zu können.

Wenn wir das Programm direkt ausgeben, können wir zwei Argumente mitgeben z.B. java Eingabe Daniel S. und somit wird in der Konsole **Daniel S.** ausgegeben. Mann kann beliebig viele Argumente wählen.

Beispiel 1.7

```
public class Eingabe
{
    public static void main(String[] args)
    {
        // Einfach Eingabemethode in der Konsole
        System.out.println(args[0] + "," + args[1]);
    }
}
```

```
Steffens-MacBook-Pro:~ steffendaniel$ cd documents
Steffens-MacBook-Pro:documents steffendaniel$ cd programmieren
Steffens-MacBook-Pro:programmieren steffendaniel$ javac Eingabe.java
Steffens-MacBook-Pro:programmieren steffendaniel$ java Eingabe Daniel S.
Daniel, S.
```

Es gibt eine weitere Möglichkeit die Eingaben über ein eigenes Fenster dazustellen. Hierfür benötigen wir wieder das Import Staidmind aus den swing Packet. Der Aufbau des Programmes ist wie das Programm zuvor nur mit einigen Ergänzungen. Wir benötigen für die Ausgabe JOptionPane.showInputDialog und anschließend folgt die Fragestellung (siehe Beispiel 1.8).

Beispiel 1.8

```java
import javax.swing.*;


public class Eingabe
{
    public static void main (String[] args)
    {
        JOptionPane.showInputDialog("Wie heißen Sie?");
    }
}
```

Um den eingegeben Wert abzuspeichern und wiederzugeben muss dieser als String konvertiert werden. Dafür müssen wir den gesamten Ausdruck wie folgt darstellen: String Name = JOptionPane.showInputDialog("Wie heißen Sie?"); die zweite Begrifflichkeit die wir dazu lernen ist JOptionPane.showMessageDialog(null,); diese sorgt dafür, dass das Programm uns Rückmeldung gibt (siehe Beispiel 1.9).

Beispiel 1.9

```java
import javax.swing.*;


public class Eingabe
{
    public static void main (String[] args)
    {
        String name = JOptionPane.showInputDialog("Wie heißen Sie?");
        JOptionPane.showMessageDialog(null, "Hallo" + " " + name + "!");
    }
}
```

Um mehrere Eigenschaften einzugeben kann man das Programm mit weiteren Strings noch erweitern wie z.B. String alter = JOptionPane.showInputDialog("Wie alt bist du?") etc.

Eine weitere Möglichkeit um ein Textfeld mit mehren Textfeldern zur Eingabeaufforderung aufzubauen ist wie folgt. Hierfür wird ein Aray benötig, die Erklärung folgt in den weiteren Kapitel. Es sieht wie folgt aus JTextField[] feld = {new JTextField(), new JTextField(), new JTextField()}. New JTextField() wird so oft in das Feld geschrieben wie man Eingabe Textfelder benötigt. Als nächstes benötigen wir ein weiteres Aray und zwar Object[] msg = {}; darin werden die oberen Felder Benannt. Dieses kann unteranderm so aussehen: Object[] msg = {"Name", feld[0], "Alter: ", feld [1], "Hobby:", feld [2]}; um sich das Dialogfenster anzeigen zu lassen benötigen wir die Methode JOptionPane.showConfirmDialog(null, msg, "Eingabe", 2);. Das Programm gibt aber keine Rückmeldung über die Benutzer Angaben um diese zu bekommenn müssen wir das programm noch ein wenig erweitern, dafür verwenden wir unseren MessageDialog dort müssen wir die jeweiligen Felder (feld[0] etc.) eintragen. Dieses ist aus dem Beispiel 1.10 ersichtlich.

Beispiel 1.10

```java
import javax.swing.*;
public class Eingabe
{
    public static void main (String[] args)
    {
        JTextField[] feld = {new JTextField(), new JTextField(), new JTextField()};
        Object[] msg = {"Name", feld[0], "Alter: ", feld [1], "Hobby:", feld [2]};
        JOptionPane.showConfirmDialog(null, msg, "Eingabe", 2);
        JOptionPane.showMessageDialog(null, feld[0].getText() + " ist " + feld[1].getText() + " Jahre alt
und sein Hobby ist " + feld[2].getText() + " . " );
    }
}
```

Deklarieren von Variablen

Durch eine Deklaration wird der Datentyp und der Name einer Variable festgelegt. Eine Deklaration ist wie folgt Aufgabaut: *datentyp bezeichner;* Der Bezeichner für eine

Variable kann fast beliebig gewählt werden. Er muss lediglich mit einem Buchstaben, Währungszeichen oder einem Unterstrich beginnen. Desweitern dürfen keine reservierten Worte wie public, class sowie weitere Schlüsselwörter dürfen keine Operatoren sein. Anbei einige Bezeichnungen die erlaubt sind: int _a; , int d7; , int Hallo_Du; , __3_w; etc.

Es gibt mehrere Schreibweisen um Variablen zu deklarieren:

Beispiel 1: // kurze Schreibweise der Variablen int a, b, c, d;

Beispiel 2: // lange Schreibweise int a; int b; int c; int d;

Durch eine Deklaration wird ein stück Arbeitsspeicher reserviert den wir über einen Variablennamen verändern oder auch bearbeiten können. Die Größe für die Reservierung bestimmt immer der Dateityp. Durch die Wahl des Dateityps legen wir die Wahl vom Dateityp fest.

Primitive Datentypen in Java

Es gibt die Ganzzahligen Datentypen wie byte, short, int und long, des weiteren gibt es die Fließkommazahlen floate, double und die Charakter Zahlen.

Die unterschiede bei den Ganzzahligen Zahlen bestehen in der Größe. Als Standard verwendet man einen Integer. Die untenstehende Tabelle verdeutlicht die Datentypen noch einmal.

Datentyp	Größe (Byte)	Wert	Bemerkung
Boolean	1	True, False	
Char	2	'\u0000' bis '\uFFFF'	
Byte	1	-128 bis +127	Ganzzahlige Zahlen
Short	2	-32768 bis +32767	
Int	4	-2147483648 bis + 2147483647	
Long	8	-9223372036854775808 bis +9223372036854775807	
Float	4		Fließkommazahlen
Double	8		

Zuweisungsoperator

Das Gleichheitszeichen (=) hat den Zweck die variablen Werte zuzuweisen. In unserem Beispiel 1.11 sehen wir das a den Wert 1 zugewiesen bekommen hat und b den Wert 2. Durch die Zuweisung wird nun der Wert a als 1 ausgegeben.

Beispiel 1.11

```
public class Zuweisung
{
    public static void main (String[] args)
    {
    int a = 1;
    int b = 2;


    b = a;
        System.out.println(b);
    }
}
```

Es ist immer darauf zu achten das der Wertetyp immer zu den Werten passt!

Info: bei der Verwendung von einen long Wert muss hinter den Betrag der Buchstabe L gesetzt werden (long a = 20000000000L). ebenso wie bei den Fließkommazahlen muss bei einen Float immer ein f hinter den Betrag (float a = 1.26F). Die Fließkommazahlen werden immer mit einem Punkt getrennt.

Operator Wertigkeit

Die höchste Wertigkeit der Operatoren hat die wie in der Mathematik die Klammer ( ) diese werden immer zuerst ausgewertet. Die Multiplikation, Division und der Modulu folgen anschließend die Addition und Subtraktion.

Operator	Operation
( )	Klammern
+ , / , %	Multiplikation, Division, Modulus
+ , -	Addition, Subtraktion

Verbundsoperatoren

Java hat einige spezielle Zuweisungsoperatoren, die häufig in Programmen verwendet werden.

Operator	Beispiel	Bedeutung	Wert füt c, wenn int c=10, x=2
+=	c += x;	c = c + x;	15
-=	c -= x	c = c - x	8
*=	c *= x	c= c * x	20
/=	c *= x	c = c / x	5
%=	c %= x	c = c % x	0

Diese kann man anschließend in einen Programm einsetzen

Wählt man diese vorm in ein Programm werden beispielsweise doppelwerte wie 2,5 oder 3,42 etc. zu einen Integer geparst und können automatisch ausgegeben werden bei dieser Schreibweise:

int c = 0;

c = c + 3,42;

gibt es einen Kompilier Fehler und der Wert wird nicht ausgegeben ist die gleich Rechnung aber so geschrieben:

int c = 0;

c += 3,42;

wird 3 ausgegeben. Da der Wert automatisch geparst wird.

Des Weiteren gibt es dazu noch das Präinkrement oder Postdekrement dieses sind Operatoren die den wert um 1 erhöhen. Die untenstehende Tabelle gibt aufschluss auf die Möglichkeiten.

Operator	Bezeichnung	Beispiel	Bedeutung
++	Präinkrement	++i	Erhöhung erst i, und führt anschließend den Res der Anweisung mit den neuem Wert aus

++	Postinkrement	i++	Führt erst die gesamte Anweisung aus und erhöht danach den Wert um 1
--	Präinkrement	--i	Erniedrig erst i um 1, und führt dann den Rest der Anweisung mit dem neuen Wert aus
--	Postinkrement	i--	Fährt die gesamte Anweisung erst aus und erniedrigt erst dann den Wer von c um 1

Anbei einige Beispiele:

int i = 0;

System.out.print(i++); zuerst wird 0 ausgeben und anschließend nach der Ausgabe wird 1 ausgegeben.

System.out.print(++i); es wird i als 1 zuerst auf 2 erhöht und dann Ausgegeben also hat i den Wert 2

System.out.print(1+i--); 1 + 2 wird gerechnet und 3 ausgegeben nach der Ausgabe hat i aber den Wert 1.

System.out.print(1 - --i); zuerst wird – ausgewertet somit haben wir 1 – 0 und 1 wird ausgegeben.

System.out.print(i++ + ++i); daraus folgt 2

In den Algebraischen Operatoren finden wir folgende Operatoren:

Algebraischer Operator	Operator in Java	Beispiel	Bedeutung
=	==	X == Y	X ist gleich Y
≠	!=	X != Y	X ist ungleich Y
<	<	X < Y	X ist kleiner Y
>	>	X > Y	X ist größer Y
≤	<=	X <= Y	X ist kleiner gleich Y
≥	X >= Y	X >= Y	X ist größer gleich Y

Das Ergebnis muss immer ein boolean (Wahrheitswert) sein.

Bei folgenden werten wie int a = 2, int b = 1 wird folgendes ausgegeben (a == b)=false /
(a <= b)= false etc.

Gleichheit bei Texteingaben equals Methode

Um Strings auf Gleichheit zu überprüfen benötigt man einen weiteren Befehl:
eingabe.equals dieser sorgt dafür das, dass Ausgeführte Programm den Wert auf true
oder false überprüft. Zunächst einmal benötigen wir ein Programm das wie folgt
aussehen kann (siehe Beispiel 1.12)

Beispiel 1.12

```
import javax.swing.*;

public class Gleichheit
{
    public static void main (String[] args)
    {
    JOptioinPane.showMessageDialog(null, eingabe.equals("Test"));
    }
}
```

Mit diesem einfachen Programm wird nur true ausgegeben, wenn Test eingegeben wird,
passiert dieses nicht wir false ausgegeben.

Logische Operatoren

Die logischen Operatoren können zwei Wahrheitswerte miteinander verknüpfen und
liefern als Ergebnis einen Wahrheitswert.

Die untenstehende Tabelle gibt Aufschluss auf die Operatoren.

!	Nicht
&&	Und
||	Oder
	Exklusiv-oder

A	B	A && B	A || B	A ^ B	!a
False	False	False	False	False	true
False	False	False	true	true	true
true	False	False	true	true	False
true	true	true	true	False	False

If Anweisung

Eine If Anweisung ist eine wenn dann Funktion und kann unteranderem auch so genutzt werden. In unserem Programm haben wir einen boolean Wert b der nur ausgegeben werden darf wenn der Wert dem entspricht (siehe Beispiel 1.13)

Beispiel 1.13

```
public class If
{
    public static void main (String[] args)
  {
    boolean a = true;
    if(a)
    {
      System.out.println("Bedingung erfüllt");
    }
  }
}
```

Da die Bedingung auf true also erfüllt ist wird die Anweisung ausgeführt. Steht der boolean Wert auf false wird der wert nicht ausgeführt.

Um eine weiteren Wert auszuführen wenn die Bedingung nicht ausgeführt wird benötigen wir die else Anweisung. Somit müsste das Programm wie folgt aussehen (siehe Beispiel 1.14).

Beispiel 1.14

```
public class If
{
    public static void main (String[] args)
  {
```

```java
    boolean a = true;
    if(a)
    {
        System.out.println("Bedingung erfüllt");
    }else{
        System.out.println("Bedingung nicht erfuellt");
    }
  }
}
```

Somit wird wenn der boolean wert auf false steht, Bedingung nicht erfuellt ausgegeben.

BEI GRIN MACHT SICH IHR WISSEN BEZAHLT

- Wir veröffentlichen Ihre Hausarbeit,
  Bachelor- und Masterarbeit

- Ihr eigenes eBook und Buch -
  weltweit in allen wichtigen Shops

- Verdienen Sie an jedem Verkauf

Jetzt bei www.GRIN.com hochladen
und kostenlos publizieren